AF303385

LA BATAILLE D'ALGER

Le démantèlement du FLN
pendant la guerre d'Algérie

Par Xavier De Weirt
Sous la direction de Mathieu Beaud

50MINUTES.fr

LA BATAILLE D'ALGER

INTRODUCTION

La bataille d'Alger, aussi appelée la « grande répression », constitue un épisode particulièrement douloureux de la guerre d'Algérie, laquelle prend racine dans le contexte de la décolonisation. Les combats opposent durant neuf mois la 10e division des parachutistes du général Jacques Massu aux nationalistes algériens du Front de libération nationale (FLN). À la différence d'une guerre classique entre deux armées, il s'agit, dans le chef de la France, d'une véritable opération commando dont les méthodes seront dénoncées par l'opinion publique internationale par la suite.

Durant l'été 1956, le centre d'Alger est secoué par une série d'attaques terroristes commises par le FLN qui, désireux de déstabiliser la société française et de démontrer au monde la légitimité de son combat pour l'indépendance, prend pour cible le centre du pouvoir français en Algérie. Directement menacée, la France décide de riposter et, le 7 janvier 1957, les troupes du général Jacques Massu pénètrent dans la casbah d'Alger, le quartier musulman où résident dans une grande promiscuité près de 75 000 individus. Là, les soldats français se défendent en menant une guerre contre-insurrectionnelle, dont les techniques ont été élaborées en étudiant le Vietminh (organisation politique et paramilitaire vietnamienne) lors de la guerre d'Indochine (1946-1954).

Alors que les attentats meurtriers du FLN se multiplient, radicalisant davantage la population française en Algérie, les paras-commandos français recensent, fouillent, interrogent, emprisonnent, torturent et tuent afin de démanteler le réseau de la résistance terroriste. La bataille prend fin en octobre 1957 par l'arrestation des membres les plus influents qui marque le démantèlement du FLN, mettant temporairement un terme aux violences. Bien que la bataille d'Alger ne représente qu'un court épisode du conflit, elle servira à dénoncer les abus commis par la France dans sa lutte pour conserver l'Algérie française. En effet, acculé par les critiques, le gouvernement décidera sous l'autorité du général Charles de Gaulle (1890-1970) d'abandonner les combats et, le 18 mars 1962, la signature des accords d'Évian consacre l'indépendance de l'Algérie après huit ans d'une âpre résistance.

DONNÉES CLÉS

- **Quand ?** Du 7 janvier au 8 octobre 1957
- **Où ?** À Alger
- **Contexte ?** La guerre d'Algérie (1954-1962)
- **Belligérants ?** La France contre le Front de libération nationale algérien (FLN)
- **Acteurs principaux ?**
  - Jacques Massu, général français (1908-2002)
  - Roger Trinquier, officier supérieur parachutiste français (1908-1986)
  - Mohamed Larbi Ben M'hidi, responsable de l'action armée à Alger (1923-1957)
  - Yacef Saâdi, chef de la zone autonome d'Alger (né en 1928)
- **Issue ?** Victoire française
- **Victimes ?**
  - Camp algérien : entre 1 000 et 3 000 morts
  - Camp français : environ 374 morts et 917 blessés

CONTEXTE POLITIQUE ET SOCIAL

LE PHÉNOMÈNE DE DÉCOLONISATION

Au XIXe siècle, la colonisation est l'œuvre d'une poignée de pays européens dont la Grande-Bretagne, la France, les Pays-Bas, la Belgique, l'Allemagne et l'Italie, qui possèdent à la fin du siècle toute l'Afrique et une grande partie de l'Asie, régnant sur des centaines de millions d'individus. Les deux guerres mondiales (1914-1918 et 1939-1945) marquent toutefois l'arrêt de la colonisation par les Européens. Le prestige de la France et de la Grande-Bretagne est en effet fortement entaché par les nombreuses défaites militaires et par l'importance des pertes humaines et matérielles subies durant les combats.

Par ailleurs, les populations européennes prennent peu à peu conscience des conditions de vie désastreuses des peuples colonisés, tandis que, dès l'entre-deux-guerres, dans les colonies, des mouvements indépendantistes émergent, dirigés par une élite intellectuelle peu nombreuse, qui réussit avec plus ou moins de succès à rallier les masses populaires restées pour la plupart illettrées. Durant la Seconde Guerre mondiale, du fait de l'affaiblissement du contrôle colonial et de l'enrôlement forcé de milliers de combattants colonisés, ces mouvements se radicalisent et émettent des revendications dans le but d'obtenir leur émancipation. Au Moyen-Orient, certaines colonies profitent ainsi du déplacement des rapports de force pour réclamer leur indépendance. C'est notamment le cas de la Syrie et du Liban, qui l'obtiennent de la France respectivement en septembre 1941 et en novembre 1943.

Si en 1945, la France et la Grande-Bretagne occupent encore l'essentiel de l'espace colonisé, elles ont tout de même perdu une part importante de leur puissance économique et de leur prestige. C'est pourquoi la France, vaincue par l'armée allemande en 1940, tient absolument à conserver son empire, alors que la Grande-Bretagne, invaincue et plus pragmatique, considère quant à elle la situation davantage en termes d'intérêt économique.

La charte des Nations unies signée en 1945 marque la naissance de l'ONU et proclame également le droit de tous les peuples à disposer d'eux-mêmes, ce qui résonnera pour les pays colonisés comme un appel à intensifier les revendications.

Si certaines colonies acquièrent l'indépendance dans un calme relatif et souvent en échange d'avantages territoriaux ou politico-économiques, d'autres sont contraintes de recourir aux armes pour atteindre cet idéal. Toutefois, après l'affaiblissement des nations européennes durant la Seconde Guerre mondiale, la tension née de la guerre froide (1947-1989) facilite le processus de décolonisation.

<u>Bon à savoir</u>

La guerre froide est un conflit idéologique qui oppose, entre 1947 et 1989, un bloc occidental dominé par les États-Unis à un bloc oriental conduit par l'Union soviétique. Le qualificatif « froide » provient du fait que, pendant ce laps de temps, il n'y aura jamais de conflits armés opposant directement les deux principales puissances belligérantes.

Alors qu'Américains et Russes sont les grands vainqueurs de la Seconde Guerre mondiale, ils s'opposent fermement aux aspirations colonisatrices des puissances européennes. Les premiers, ayant obtenu leur indépendance de la Grande-Bretagne en 1776, défendent depuis lors la liberté des peuples à choisir leur propre mode de gouvernement. Les Soviétiques suivent quant à eux les préceptes du père fondateur Vladimir Illitch Lénine (1870-1924), lequel prônait l'émancipation des peuples en route pour la révolution. Mais le fossé idéologique qui sépare ces deux puissances se répercute sur les revendications d'indépendance des peuples colonisés. Ce constat est très visible en Asie où s'opposent une influence communiste russo-chinoise continentale et une Asie du Sud ouverte sur les mers sous influence américaine. Depuis lors, plusieurs dirigeants de mouvements indépendantistes se proclamant ouvertement marxistes (mouvement de pensée prônant la lutte des classes) sont à la tête de partis communistes influents. Parallèlement, les États-Unis maintiennent l'autorité coloniale dans les pays éloignés du marxisme pour assurer la cohésion du bloc.

En 1955 a lieu la conférence de Bandoeng (Indonésie), réunissant les dirigeants d'anciens pays colonisés, conduite par Gamal Abdel Nasser le futur président égyptien (1918-1970). Ceux-ci cherchent à se démarquer de la logique bipolaire de la guerre froide (anti-impérialisme versus anticommunisme) en se faisant les chantres de l'anticolonialisme. Ce mouvement né du contexte de la guerre froide amplifiera logiquement les mouvements de libération pour l'indépendance notamment en Afrique.

Les Philippines, l'une des rares colonies américaines, sont les premières à obtenir leur indépendance après la guerre. Suivent les anciennes colonies britanniques que sont l'Inde, le Pakistan, la Birmanie et Ceylan (Sri Lanka), en 1947. De son côté, la France libère l'Indochine française en 1954, après une guerre de huit ans. En Afrique du Nord, le Maroc et la Tunisie, sous protectorat français, accèdent à l'indépendance en 1956. La majorité des colonies d'Afrique subsaharienne françaises et britanniques seront libérées entre 1957 et 1962.

La défaite française de Diên Biên Phu le 7 mai 1954 marque la fin de la guerre d'Indochine et l'ouverture des négociations pour l'indépendance du Vietnam. Le conflit a opposé durant huit ans (1946-1954) les forces armées françaises aux troupes du leader communiste Hô Chi Minh (homme d'État vietnamien, 1890-1969). Celui-ci a en effet profité de l'affaiblissement colonial durant la guerre pour instaurer une république du Vietnam dans le Nord indochinois. Hô Chi Minh tente par conséquent de convaincre les Français de se retirer et de reconnaître la République vietnamienne, mais en conservant une influence politique et économique sur le pays. Les Français refusent et bombardent Haiphong (port stratégique), ce qui déclenche la guerre. Le conflit s'insérera par la suite dans la logique de la guerre froide, les Russes soutenant le Vietnam du Nord d'Hô Chi Minh et les États-Unis les troupes françaises situées au sud. Mais peu préparés à une guerre de maquis (guérilla), les Français sont finalement pris au piège et encerclés par une armée constituée en majorité de civils.

Le Vietnam est reconnu État indépendant par les accords de Genève du 21 juillet 1954. Cette immense humiliation pour la France incitera d'autant plus la France à maintenir ce qui lui reste d'empire colonial. Par ailleurs, l'observation des méthodes de combat des troupes indochinoises sera d'une grande utilité pour la répression en Algérie qui démarre quelques jours plus tard.

Dans un climat international tendu, les Russes et les Américains soutiennent la cause des peuples opprimés contre les puissances coloniales et signent divers pactes d'alliance dans le but de rallier un maximum de peuples à leur cause. Le monde entier est alors touché par ce phénomène :

- en Asie, les mouvements anticolonialistes prennent un caractère nettement marxiste, dû notamment à la proximité des exemples russe et chinois ;
- en Afrique noire, les mouvements d'indépendance prennent leur envol avec un léger retard et sont également appuyés par le courant marxiste ;

- en Afrique du Nord, le nationalisme sera fortement poussé par la naissance du sentiment identitaire arabe, incarné par l'Égyptien Gamal Adbel Nasser.

LE SYSTÈME COLONIAL EN ALGÉRIE

La colonisation de l'Algérie française en 1830 s'avère particulièrement violente. Le 5 juillet 1830, les troupes françaises s'emparent d'Alger et prennent pied sur un territoire convoité depuis plusieurs années, mettant fin à la domination turque exercée depuis le XVIe siècle. Une grande partie du territoire est conquise dans le sang durant 17 ans. L'Algérie est proclamée territoire français le 12 novembre 1848. Du fait de sa proximité avec la métropole, le pays doit servir de colonie de peuplement à la France. Celle-ci met à mal la culture algérienne en lui imposant sa religion, sa langue et son système économique. Dans les années 1850 et 1860, de nombreux Français, mais également des sud-Européens, des Allemands et des Suisses traversent alors la Méditerranée avec l'objectif de s'installer sur ces terres en friche. Une répartition du territoire est instaurée au grand désavantage des populations locales, qui sont repoussées dans le sud désertique et dans les montagnes alors que les nouveaux arrivants s'emparent d'immenses parcelles de terre arable. Dans le but d'asseoir le caractère français du territoire, les autorités coloniales mettent en œuvre à partir de 1870 une politique d'assimilation très inégalitaire, voire raciste, en accordant la pleine citoyenneté française aux Juifs tout d'abord, puis aux Européens d'Algérie (1889). La population arabe n'obtient par contre qu'un statut secondaire, relevant juridiquement du code de l'indigénat, un régime administratif instauré pour toutes les populations colonisées de l'Empire français en 1881.

Avec la « pacification » française de 1848 se met donc en place un système politico-économique particulièrement difficile pour la population algérienne, laquelle possède la nationalité française sans pour autant bénéficier de la citoyenneté faisant d'elle une population de seconde zone. Les discriminations sont visibles à tous les niveaux de la société, notamment au sein de l'enseignement puisque les populations locales n'ont presque pas accès à la scolarité. Seule une petite minorité d'Algériens issus de la classe moyenne parvient à accéder à un enseignement convenable, mais très limité par rapport à celui qui est dispensé aux Français. D'autre part, la population autochtone subit également des discriminations d'ordre économique. Les familles arabes habitant en ville sont ainsi repoussées en périphérie. Le système français anéantit les structures paysannes et commerciales algériennes en prenant à son profit environ 3 millions d'hectares de terre fertile aux paysans ainsi que 3,5 millions d'hectares de zone boisée. Pour maintenir leurs activités agraires, ceux-ci sont donc contraints de fuir vers les campagnes et les zones désertiques ou de migrer dans le pourtour des villes européanisées, ou encore de travailler pour les exploitations des Français d'Algérie. La situation ne s'arrange guère avec la crise économique des années trente qui accentue l'exode rural des populations locales et entraîne la création des premiers bidonvilles dans les grands centres urbains comme Alger ou Constantine (ville du nord-est de l'Algérie). Ces déplacements massifs de population mènent à la paupérisation de villes jusque-là majoritairement européennes et font naître de graves tensions sociales.

C'est dans ce contexte qu'émergent les premiers mouvements indépendantistes. Ceux-ci émanent toutefois d'Algériens lettrés issus de la classe moyenne et des grandes familles rurales, et restent plutôt isolés dans leur action, car l'administration française a volontairement exclu de l'éducation 95 % des musulmans.

Ces mouvements se divisent en trois branches principales. Il existe :

- un courant progressiste et démocratique dirigé par Ferhat Abbas (homme politique algérien, 1899-1985) ;
- un courant traditionaliste tourné vers l'islam dirigé par les oulémas (docteurs de la loi musulmane, juristes et théologiens) ;
- un courant nationaliste révolutionnaire fondé par Ahmed Messali Hadj (nationaliste algérien, 1898-1974).

Ces mouvements se renforcent durant la Seconde Guerre mondiale. En 1942, le débarquement américain en Afrique du Nord fait naître un grand espoir dans le chef des Algériens qui attendent une reconnaissance de la France, qui s'est largement servie d'eux pour combattre l'Allemagne. Mais le 8 mai 1945, date de la capitulation allemande, une insurrection éclate au cours d'une manifestation organisée dans la ville algérienne de Sétif afin de réclamer l'indépendance du pays, à laquelle la France répond par une répression féroce, faisant des milliers de morts.

LE FRONT DE LIBÉRATION NATIONALE

Le Front de libération nationale est fondé le 10 octobre 1954 au Caire par neuf chefs historiques issus à l'origine du Parti du peuple algérien (PPA). Le PPA est un mouvement nationaliste indépendantiste fondé par Ahmed Messali Hadj en 1937 et qui prendra le nom de Mouvement pour le triomphe des libertés démocratiques (MTLD) en 1946.

En 1945, les massacres survenus à Sétif font renaître le germe d'un courant d'activistes au sein du Parti du peuple algérien. Deux ans plus tard, ses partisans les plus virulents œuvrent au sein de l'Organisation spéciale, qui devient rapidement le bras armé du parti et du MTLD. Ces militants sont de jeunes Algériens provenant pour la plupart des anciennes classes nobles rurales, dont les parents ont été destitués de leur pouvoir. Partisans de la lutte armée, ils s'opposent de plus en plus aux visées légalistes et conciliatrices des autres mouvements, et notamment à celles de leur leader charismatique Ahmed Messali Hadj. Peu après l'ouverture des hostilités par le Front de libération nationale dans ce qui deviendra plus tard la guerre d'Algérie, ce dernier fonde le Mouvement national algérien, qui restera l'un des rares adversaires politiques du FLN, provoquant des violences fratricides entre les deux camps.

La direction du Front de libération nationale est composée de six membres de l'intérieur, répartis dans les différentes régions de la colonie (les *wilayas*). Ce sont eux qui dirigent et fomentent les combats alors que trois membres de l'extérieur sont en poste au Caire, d'où ils maintiennent des relations avec les différents mouvements de résistance arabe et s'occupent du ravitaillement en armes. En parallèle, le FLN cherche à unifier le mouvement de résistance algérien en annexant les différents courants indépendantistes, ce qui se produit lors du congrès de la Soummam tenu le 20 août 1956. Ensemble, ils précisent l'organisation interne, les objectifs militaires ainsi que le projet politique du Front pour l'Algérie. À son sommet se trouve le Conseil national de la révolution algérienne (CNRA), organe collégial qui prend les décisions fondamentales, ainsi qu'un Comité de coordination et d'exécution (CCE) chargé de la bonne application de celles-ci. Devenu un véritable parti unique, le FLN se positionne peu à peu comme le représentant exclusif de tous les Algériens.

Il dispose d'ailleurs de ses propres combattants au sein de l'Armée de libération nationale. Ce bataillon dispose d'hommes entraînés spécialement pour le maquis, les *moudjahidines*, qui mènent la guérilla dans les zones rurales, ainsi que de collaborateurs non armés chargés du ravitaillement, de l'intendance et de la surveillance. Au plus fort de la guerre d'Algérie, entre 1956 et 1958, l'armée compte environ 20 000 *moudjahidines* et autant d'auxiliaires non armés.

LES DÉBUTS DE LA GUERRE D'ALGÉRIE

Lorsque la guerre d'Algérie éclate le 1er novembre 1954, peu de combattants y participent réellement et la population n'a pas encore rejoint le FLN dans son combat. Toutefois, plusieurs attentats et actes de sabotage ont lieu dans différentes régions du pays afin de mettre à mal le camp adverse. De leur côté, les Français tentent de maintenir l'ordre par un large effectif militaire et policier, un armement massif et une forte répression. Par ailleurs, le 31 mars 1955, le gouvernement d'Edgard Faure (homme politique français, 1908-1988) élargit pour la première fois les pouvoirs de l'armée française et instaure des camps d'hébergement dont l'objectif est d'arrêter les personnes suspectées de participer à ces rébellions et de démanteler les réseaux. Dénoncés par certains opposants comme de véritables camps de concentration qui tairaient leur nom, ils servent de base pour neutraliser et interroger sans motif valable tout individu jugé dangereux.

Grâce à la conférence de Bandoeng, le FLN parvient à faire entendre son combat auprès de l'ONU, provoquant une internationalisation du conflit qui sera capitale dans l'issue de la guerre. Les combats se déroulent principalement dans les parties rurales et désertiques du territoire (les *djebels*) où les combattants de l'ALN, pour contrer la répression française, pratiquent la guérilla, le harcèlement et le sabotage, tout en usant parfaitement de la propagande pour faire adhérer les villageois à leur projet.

Mais la guerre prend un tout autre visage après l'attaque terroriste de Constantine des 20 et 21 août 1955. Dans une région pauvre où la coexistence des communautés européenne et musulmane est particulièrement tendue, le chef régional Youssef Zighout (1921-1956) parvient à lever une insurrection qui mène à l'assassinat de nombreux Français, en vue de susciter des réactions et de faire connaître son action. Touchée dans son honneur, la France fait appel à 60 000 jeunes réservistes et décide de punir sévèrement cette attaque. Dès lors, de nouveaux soldats sont envoyés régulièrement en Algérie. Alors qu'au mois de janvier, l'armée de terre française ne disposait que de 70 000 soldats environ, l'effectif atteint 170 000 hommes au mois de décembre. Ces chiffres évolueront encore par la suite et, à la veille de la bataille d'Alger, l'armée française ne compte pas moins de 350 000 hommes dont la majorité n'a pas 20 ans. À partir de 1958, le nombre de soldats dépasse les 400 000 individus.

Le 2 janvier 1956, un nouveau gouvernement de gauche est formé en France avec à sa tête le Premier ministre socialiste Guy Mollet (1905-1975). Après avoir reçu un accueil très hostile de la part des Français lors de son premier voyage en Algérie, le politicien, plutôt modéré jusque-là, décide de remettre de l'ordre dans la colonie. Pour ce faire, il obtient les pouvoirs spéciaux de l'Assemblée nationale, ce qui lui permet de prendre toutes les mesures qu'il juge nécessaires en vue du rétablissement de l'ordre, de la protection des personnes et des biens, ainsi que de la sauvegarde du territoire. En mars 1956, il nomme Robert Lacoste (1898-1989) gouverneur d'Algérie pour renforcer plus encore la répression. Ces mesures impopulaires auprès des Algériens provoquent de nouvelles altercations, suite à quoi les actes de violence se succèdent à un rythme effréné. Le FLN lance une vague d'attentats meurtriers et dirige des embuscades destinées à piéger les jeunes soldats français encore peu entraînés au maquis.

Différents groupuscules illégaux français apparaissent de façon sporadique pour répondre par la terreur aux attaques du FLN, notamment en posant des bombes, en commettant des assassinats ou en créant des centres de torture privés. Parmi ceux-ci, on peut citer l'Organisation de la résistance à l'Algérie française (ORAF), un réseau réunissant des ultras de l'Algérie française usant de méthodes de combats non conventionnelles. Par ailleurs, outre la répression policière et militaire quotidienne, les musulmans algériens sont souvent la cible d'expéditions punitives de la part des civils français, en représailles aux actions du FLN. Le 10 août 1956, ces Français radicaux perpètrent un attentat meurtrier rue de Thèbes, en plein cœur du quartier musulman d'Alger, lequel fait entre 15 et 60 victimes du côté algérien. En France, les immigrés algériens, victimes indirectes du conflit, sont également soumis à de rudes exactions. Le point culminant est à chercher du côté des répressions sanglantes de manifestants immigrés au mois d'octobre 1961 et le 8 février 1962 au métro Charonne à Paris.

LES MENACES SUR ALGER

Alors qu'il opérait principalement dans les zones rurales depuis le début de la guerre, le FLN décide de concentrer ses opérations dans la capitale et d'y étendre son réseau d'influence. La création d'une zone autonome à Alger (ZAA) est décidée lors du Congrès de la Soummam le 20 août 1956 et Yacef Saâdi est nommé à sa tête pour mener la guérilla urbaine. Le Comité de coordination et d'exécution, l'organe décisionnel du FLN, décide alors de s'installer dans la casbah d'Alger, au plus près du pouvoir colonial. Dès l'annonce de l'exécution de membres du parti par les Français, le FLN abandonne sa logique de violence réactive, multiplie le nombre d'attentats sur Alger et radicalise tant les tactiques de combat que son message politique.

Le 30 septembre en plein après-midi, une bombe explose au *Milk Bar* et à la *Cafétéria*, deux cafés algérois très fréquentés. Cet événement crée une véritable psychose au sein de la population française d'Algérie. L'attentat, qui fait quatre morts et 52 blessés, est rapidement revendiqué par le FLN. À compter de cette date, les attentats se multiplieront dans les deux camps.

En décembre 1956, 122 attentats sont orchestrés par Yacef Saâdi dans l'agglomération algéroise et le 27 décembre, Amédée Froger (1882-1956), porte-parole des colons réactionnaires, est assassiné. Cet événement est à la source de la bataille d'Alger et incitera les colons français à se révolter.

ACTEURS PRINCIPAUX

JACQUES MASSU, GÉNÉRAL FRANÇAIS

Né en 1908 dans un milieu militaire, Jacques Massu est admis à Saint-Cyr (école de formation des officiers) en 1928 et termine ses études avec le grade de sous-lieutenant. Il entre alors dans l'infanterie coloniale avec la charge de former un régiment de tirailleurs sénégalais et sert ensuite au Maroc et au Tchad (1931-1940). En juin 1940, il rejoint la France libre (organisation de résistance) derrière le général Charles de Gaulle et œuvre en Afrique du Nord sous les ordres du colonel Phil ippe Leclerc de Hauteclocque (1902-1947). Il est l'auteur de différents faits d'armes importants lors de la libération du territoire français.

À la fin de la guerre, il est envoyé en Indochine avec le grade de lieutenant-colonel pour repousser les forces japonaises et, en 1946, il prend part à la guerre d'Indochine. Breveté parachutiste en 1947, il est commandant de la 1re demi-brigade de commando parachutiste, unité qu'il a lui-même formée. Deux ans plus tard, il est auditeur à l'Institut des Hautes Études de la Défense nationale à Paris. C'est probablement à cette occasion qu'il étudie les techniques de guerre psychologique et de défense de la société qui seront appliquées lors de la bataille d'Alger.

Il est promu général de brigade en 1955 et prend le commandement du groupement parachutiste d'intervention en Afrique du Nord. Il est ensuite nommé à la tête de la 10e division de parachutiste lors de l'intervention franco-britannique pendant la crise du canal de Suez (octobre-novembre 1956). À peine rentré d'Égypte, il est appelé à rétablir l'ordre lors de la bataille d'Alger en janvier 1957. Au cours de cette mission, jouissant des pleins pouvoirs de police, il est chargé d'orchestrer une répression impitoyable pour mettre fin au FLN, ce qui sera réalisé fin septembre 1957. Il reçoit le commandement du corps d'armée d'Algérie en 1958, puis quitte le territoire en 1960. En 1966, il reçoit le grade de général d'armée.

Jusqu'à la fin de sa carrière, il assurera des fonctions dans l'encadrement de la jeunesse militaire et écrira plusieurs ouvrages pour y parler de ses souvenirs. Il décède en 2002.

ROGER TRINQUIER, OFFICIER SUPÉRIEUR PARACHUTISTE FRANÇAIS

Né en 1908, l'officier supérieur parachutiste Roger Trinquier participe à la guerre d'Indochine (1946-1954), à la crise du canal de Suez et à la guerre d'Algérie. C'est un théoricien de la guerre contre-insurrectionnelle, adepte de la théorie des hiérarchies parallèles de Charles Lacheroy (1906-2005), dont la méthodologie sera au centre des opérations militaires françaises lors de la bataille d'Alger. C'est lui qui mettra en place les principes de la guerre moderne pour contrer les attaques du FLN et débusquer ses réseaux lors de la bataille d'Alger.

BON À SAVOIR

La théorie des hiérarchies parallèles constitue l'une des tactiques de la guerre révolutionnaire. Elle provient de l'observation des pratiques du Vietminh par le colonel Charles Lacheroy lors de la guerre d'Indochine et insiste sur l'importance cruciale que constituent les arrières (civils) dans le dispositif de combat et donc sur l'apport stratégique de leur encadrement.

Le contrôle de la population découle de l'articulation de deux dimensions hiérarchisées et parallèles. La première dimension est territoriale et liée à la position des individus sur un espace (la maison, le quartier, la ville, etc.), l'autre est liée à leur activité.

Selon Roger Trinquier, une caractéristique essentielle de la guerre subversive est le fait que son champ d'action dépasse le simple affrontement armé pour s'étendre aux champs politique, social, économique et psychologique. Il est l'un des premiers Français à avoir compris l'enjeu que constituait l'encadrement des populations par une organisation clandestine dans ce type de conflit, ce qui à ses yeux caractérisait parfaitement les pratiques du FLN qu'il fallait éradiquer.

En janvier 1957, il commande un régiment de la 10e division parachutiste du général Jacques Massu et met au point le dispositif de protection urbaine, instrument permettant d'assurer la défense et l'encadrement de la population qui sera à l'origine du succès français dans cette bataille. Celui-ci prévoit de quadriller chaque îlot de maisons à Alger et d'y placer un chef français. Par ailleurs, le 23 octobre 1957, il met en place le dispositif antiterroriste de la casbah, dont l'objectif est de prévenir le retour des rebelles du FLN dans le quartier, tout en offrant un outil de propagande et de mobilisation. Commence alors une campagne d'identification et de fichage de la population maison par maison, à laquelle s'ajoutent un couvre-feu, des fouilles systématiques ainsi qu'un droit de perquisition. C'est donc la réflexion de Roger Trinquier qui est à l'origine des interrogatoires musclés et de la torture systématique des récalcitrants. En effet, sa définition du terrorisme soutient que tout soldat engagé dans une guerre sait à l'avance les risques qu'il prend en cas de capture et affirme qu'» [i]l doit comme tout soldat affronter la souffrance et la mort » (TRINQUIER (Roger), *La guerre moderne*, Paris, La Table Ronde, 1961). À cet égard, le dispositif prévoit également des missions spéciales, ossature des escadrons de la mort dirigés par le général Paul Aussaresses (1918-2013), pour mener les interrogatoires. Dans ce cadre, le recours à la torture constitue un moyen d'obtenir l'aveu tout autant qu'un système visant à terroriser la population et à la faire adhérer au projet politique français.

Suite au succès de la bataille d'Alger, Roger Trinquier poursuit ses activités sur le territoire algérien malgré le retour du général de Gaulle au pouvoir, lequel désapprouve les méthodes de la guerre révolutionnaire. Finalement éloigné de la colonie en 1961, il embarque pour le Congo belge avec pour mission de former la gendarmerie du leader sécessionniste katangais Moïse Tschombé (1919-1969). Après l'Indépendance, il passe le restant de sa vie proche des milieux de l'Algérie française et écrit notamment plusieurs livres à caractère autobiographique. Il meurt en 1986.

MOHAMED LARBI BEN M'HIDI, RESPONSABLE DE L'ACTION ARMÉE À ALGER

Né en 1923 dans une famille maraboutique, Mohamed Larbi Ben M'hidi intègre très jeune les milieux indépendantistes, puis nationalistes. À 17 ans, il adhère au Parti du peuple algérien d'Ahmed Messali Hadj, puis au Mouvement pour le triomphe des libertés démocratiques, et en 1947 il devient cadre de l'Organisation spéciale (section armée). En 1952, il est le responsable politico-militaire de l'Oranie (région socioculturelle située dans l'Ouest algérien) et en avril 1954 il participe à la formation du FLN au sein du Comité révolutionnaire d'unité et d'action (CRUA). Lors du congrès de la Soummam, il est l'un des cerveaux de la zone autonome d'Alger, qui doit assurer la suprématie du FLN dans le centre du pouvoir algérien. Dans les premières semaines de la bataille d'Alger, il participe à la mise en place de plusieurs attentats en collaboration avec Yacef Saâdi, dont il est le supérieur. Il est arrêté par les parachutistes dans la casbah d'Alger le 25 février 1957. Interrogé, puis torturé, il est emmené de nuit dans une ferme par les troupes du commandant Paul Aussaresses et y est pendu. Jusqu'en 2001 et les aveux publics de ce dernier, la mort de Mohamed Larbi Ben M'hidi était officiellement attribuée à un suicide. Depuis lors, il est considéré comme un martyr par bon nombre d'Algériens.

YACEF SAÂDI, CHEF DE LA ZONE AUTONOME D'ALGER

Yacef Saâdi naît en 1928 en Kabylie (nord de l'Algérie), puis émigre dans la casbah d'Alger pour travailler comme boulanger. En 1945, il entre au Parti du peuple algérien et un an plus tard, il devient activiste au sein de la branche armée du Mouvement pour le triomphe des libertés démocratiques.

Après un séjour en France, il revient en Algérie en 1954 et intègre le FLN. Arrêté par les services de renseignements français, il parvient à tromper leur vigilance et entre dans la clandestinité. Deux ans plus tard, il est chargé par le FLN de monter un réseau terroriste prêt à entrer en action à tout moment. En compagnie de Mohamed Larbi Ben M'hidi, il crée la zone autonome d'Alger et met en place le réseau « Bombes », qui s'occupe de la conceptualisation, de la réalisation, du stockage et de la distribution de l'arsenal de guerre. À cette fin, il enrôle des scientifiques reconvertis en chimistes, des militants et des manœuvres repérés dans les quartiers musulmans. Ainsi, à partir de

1956, le FLN est fourni en produits explosifs provenant du Maroc. Une fois l'arsenal produit, les bombes sont placées par des jeunes femmes d'allure européenne dans des endroits très fréquentés d'Alger (bars, hôtel, restaurants, etc.). Yacef Saâdi est également chargé d'implanter le FLN à Alger, ce qui requiert de combattre les concurrents que sont les messalistes (partisans du Mouvement national algérien, opposé au FLN) d'Ahmed Messali Hadj.

Le 24 septembre 1957, Yacef Saâdi est arrêté par les parachutistes français. Emprisonné et condamné à mort, sa peine est commuée lors du retour de Charles de Gaulle au pouvoir. Il sort de prison à la Libération en 1962. L'année suivante, il est nommé président du Centre national d'amitié avec les peuples par le président algérien Ahmed Ben Bella (1916-2012). C'est également à cette époque qu'il se lance dans la production de films et fonde Casbah Film. Il produira notamment *La Bataille d'Alger* de Gillo Pontecorvo. Apprécié par certains car jugé représentatif de la réalité des événements, il est sévèrement critiqué par d'autres notamment sur le rôle joué par Yacef Saâdi, lequel interprète son propre rôle. En 2001, il est nommé sénateur par le président algérien Abdelaziz Bouteflika (1937). Âgé aujourd'hui de 86 ans, Yacef Saâdi fait l'objet de nombreuses suspicions à propos de ses activités avant et après l'Indépendance.

ANALYSE DE LA BATAILLE

LES MÉTHODES DE COMBAT

La bataille d'Alger, qui débute au mois de janvier 1957, constitue un moment particulièrement violent de la guerre d'Algérie. Plus qu'une bataille, il s'agit d'une opération extrêmement féroce de maintien de l'ordre menée sur fond d'attentats terroristes. Cet épisode servira pour beaucoup de modèle de la guerre contre-insurrectionnelle à la française. Par ailleurs, le principe de guerre révolutionnaire deviendra par la suite très utile dans la lutte contre le communisme et le terrorisme, et sera notamment utilisé dans les dictatures anti-communistes latino-américaines (Argentine et Chili), pendant la guerre du Vietnam (1954-1975), sous la dictature d'António de Oliveira Salazar (homme politique, 1889-1970) au Portugal, mais aussi par les États-Unis en Afghanistan et en Irak.

Le principe de la guerre révolutionnaire incite les nations occidentales à élaborer une théorie militaire capable de contrer systématiquement ces pratiques de guérillas menées durant les combats pour la libération. La France joue un rôle essentiel dans leur compréhension et leur diffusion dans les régimes occidentaux, si bien que l'on parle en France depuis la fin de la guerre d'Algérie d'une doctrine de la guerre révolution-naire. Celle-ci se base sur différents principes fondamentaux liés à l'action psychologique tels que la création d'un ennemi intérieur commun, le recours à la peur comme moyen de contrôle, la pratique systématique de la torture et des disparitions. Charles Lacheroy a fortement contribué à son élaboration et à sa diffusion. En 1927, cet officier colonial débute sa carrière en Syrie, alors sous administration française, où il est confronté pour la première fois à des guérillas. Affecté au Mali en 1946, il est chargé de mater les rébellions africaines emmenées par Félix Houphouët-Boigny (homme d'État ivoirien, 1905-1993). Mais c'est surtout en 1952, durant la guerre d'Indochine, qu'il met au point une doc-trine de la guerre révolutionnaire en observant l'efficacité des combattants vietnamiens face à ses propres troupes. Bien que moins équipée et moins formée, il constate qu'une armée de paysans est capable de venir à bout d'une armée professionnelle. Pour compléter sa théorie, il relève l'importance du contrôle de la population civile – qu'il nomme le principe des hiérarchies parallèles – dans le *Petit Livre rouge* de Mao Tsétoung (homme d'État chinois, 1893-1976) et étudie également l'ouvrage de Serge Tchakhotine (biologiste et sociologue allemand d'origine russe, 1883-1973), *Le Viol des foules par la propagande politique*. Lors de la bataille d'Alger, Charles Lacheroy aura l'occasion de mettre sa théorie en pratique par l'invention des 5e bureaux dont la mission est d'établir des centres de tri pour détourner les prisonniers de leur adhésion au FLN et de sillonner le désert pour faire adhérer les villageois à la cause française.

Le type de combat qui prend place durant la bataille d'Alger diffère donc radicalement des pratiques de guerre menées jusque-là par les Occidentaux. Les fondements de cette stratégie remonteraient à l'ouvrage intitulé l'*Art de la Guerre* de Sun Tzu (général chinois, vers le VIIIe siècle av. J.-C.), qui sert encore aujourd'hui de référence. Le général chinois, dont l'existence n'a jamais pu être réellement confirmée, y développe sa stratégie, qui consiste à affaiblir la résistance de l'ennemi par une atteinte non violente au moral des troupes. C'est donc l'art de la surprise et de la tromperie mis au service de la guerre. Ces méthodes qui reposent en partie sur la propagande réalisée à l'arrière des fronts permettent de mobiliser les populations civiles. À ces tactiques de manipulation psychologique se greffent dans la guerre révolutionnaire les pratiques de guérillas, utilisées le plus souvent par des combattants non professionnels mus par un idéal d'indépendance.

Durant la bataille d'Alger, cette guérilla urbaine oppose des indépendantistes algériens dont l'action terroriste principale consiste à poser des bombes au sein des riches quartiers européens d'Alger. Ils veillent également à maintenir la sécurité dans leurs réseaux en menaçant de mort toute personne qui sortirait du silence. Les différents réseaux qui structurent ces méthodes sont extrêmement complexes et reposent sur la majorité de la population musulmane inféodée au FLN. Cependant, d'autres mouvements nationaux algériens (MNA, Parti communiste algérien, etc.) et français (Parti communiste français) collaboreront.

Le FLN exerce un contrôle implacable sur la population grâce au système des hiérarchies parallèles.

Face à celle-ci se trouvent les troupes de paras-commandos de l'armée française, qui travaillent en collaboration avec les services de police et de gendarmerie et ont pour mission principale d'anéantir ces réseaux qualifiés de terroristes et de récupérer la confiance des opposants. Leur terrain d'action majeur se situe dans la casbah d'Alger, le quartier musulman, caractérisé par sa pauvreté et par une population très dense de 70 000 individus établis sur un espace restreint. C'est dans cet espace surpeuplé que se cachent les dirigeants et les armes. La clé d'un tel succès repose dès lors entièrement sur les renseignements. Aussi est-il nécessaire de réaliser un important travail consistant à déconstruire minutieusement chaque maillon des différentes filières, à mettre la main sur les armes et à arrêter les chefs. Pour ce faire, les troupes françaises ont recours au quadrillage, au fichage des populations, à l'infiltration des réseaux et à la torture.

DÉBUT DES HOSTILITÉS

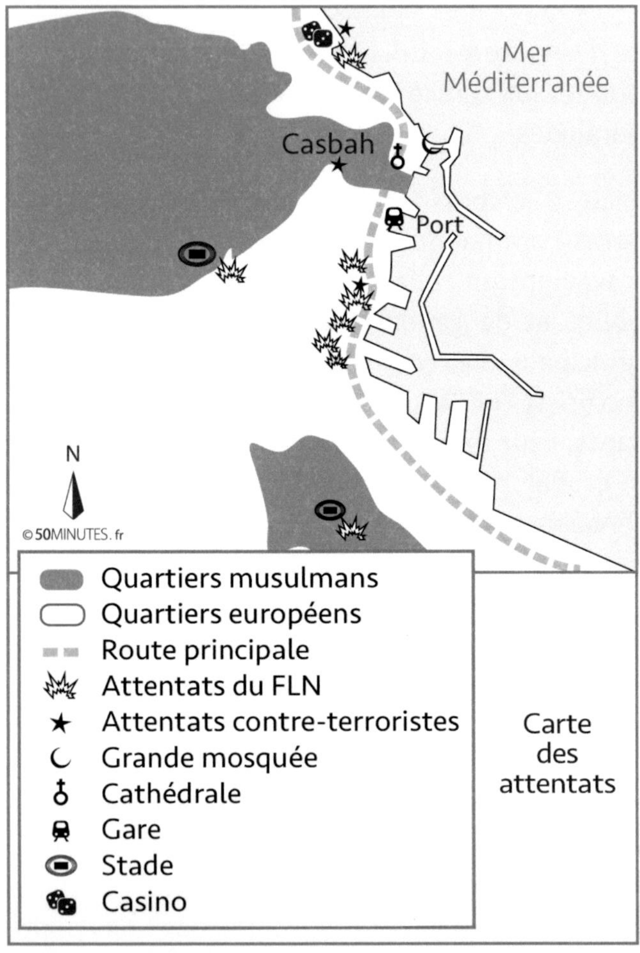

Au début du mois de janvier, les autorités françaises apprennent qu'une grève générale organisée par les nationalistes est prévue le 28 janvier. Considérée comme un véritable affront, elle apporte aux Français la preuve que le vrai leader à Alger est le FLN. Peu à peu, les tensions se font sentir et une série d'attentats sont commis au cœur de la ville.

Face à la montée des violences, le gouverneur d'Algérie Robert Lacoste accorde, le 7 janvier 1957, les pleins pouvoirs au général Jacques Massu. Ce dernier a donc les mains totalement libres pour mettre à nu le réseau terroriste d'Alger et pour le démanteler. Par conséquent, le jour même, il entre dans la ville à la tête d'un effectif de 8 000 parachutistes très entraînés encore sous l'excitation de leur victoire survenue quelques jours plus tôt sur les troupes du colonel Gamal Abdel Nasser dans la crise du canal de Suez. Jacques Massu est assisté par les colonels Marcel Bigeard (1916-2010), Roger Trinquier et Yves Godard (1911-1975), tous trois fins connaisseurs des méthodes de guerre révolutionnaire. Cette descente dans la casbah vise à dissuader les éventuels participants à la grève prévue quelques jours plus tard. Pour ce faire, le quartier est entièrement ceinturé de fils barbelés et des fouilles systématiques sont effectuées afin de trouver les 1 500 membres de l'armée de libération nationale qui s'y cacheraient. Mais l'entrée des parachutistes dans la ville provoque une vague d'attentats meurtrière.

Afin d'obtenir les informations nécessaires au repérage des suspects et à leur arrestation, chaque îlot de maisons est quadrillé par une milice urbaine. Pour mener à bien leur mission, les soldats œuvrent souvent de nuit et perquisitionnent les habitations sans prévenir, selon un processus très rapide, au sein duquel collaborent soldats, policiers et renseignements militaires. Des milliers de personnes sont contrôlées quotidiennement et des centaines sont déclarées suspectes. Celles-ci sont arrêtées et emmenées dans un centre de détention. Parallèlement, des milliers d'individus sont interrogés dans des lieux tenus secrets par l'armée. Grâce au dispositif de protection urbaine mis en place par le colonel Roger Trinquier, les soldats français parviennent à remonter les filières et arrêtent Mohamed Larbi Ben M'hidi, l'un des neuf chefs historiques du FLN et le cerveau des opérations dans la zone autonome d'Alger, le 23 février 1957. Ce dernier est capturé, interrogé, puis exécuté par les escadrons de la mort du commandant Paul Aussaresses. Également menacé, le Comité de coordination et d'exécution fuit Alger pour la Tunisie, laissant Yacef Saâdi seul pour diriger les opérations terroristes.

La situation se calme peu à peu à mesure que les attaques diminuent : on passe de 112 attentats au mois de janvier à 29 au mois de mars 1957. Toutefois Yacef Saâdi est bien décidé à continuer les opérations, aidé dans son entreprise par une série de comités qui permettent l'organisation des attentats, l'alimentation de la propagande et la diffusion des nouvelles vers l'étranger. Il dispose également d'un comité de rédaction chargé de réunir des informations sur la torture, d'un comité de justice et d'un comité d'aide sociale. Jusqu'à l'été 1957, ce sont entre 1 500 et 5 000 individus qui gravitent autour du chef de la zone autonome d'Alger.

De nouvelles actions sont donc menées et les attentats reprennent de manière très brutale, notamment avec l'attaque du casino de la

Corniche, le 3 juin, qui entraîne la mort de huit personnes et fait 81 blessés. Pourtant dès le mois de juillet, l'effectif du Front de libération national de la zone autonome d'Alger décroît fortement. Parallèlement, les méthodes françaises se bureaucratisent sous l'impulsion des colonels Yves Godard et Roger Trinquier. Afin de faciliter la collaboration civile et militaire, des centres de renseignements sont créés pour tenter d'identifier les meneurs et les neutraliser. Par ailleurs, un service de propagande est mis sur pied pour organiser la participation massive de la population au projet d'une intégration franco-algérienne.

INTERROGATOIRES, TORTURE ET DISPARITIONS

Durant la bataille d'Alger, les soldats français ont recours à la torture afin de démanteler le FLN. Désormais, toute personne suspectée d'accointance avec le front est arrêtée, interrogée et est susceptible de devoir dénoncer sous peine d'être torturée. Les suspects sont arrêtés chez eux, très souvent pendant la nuit, et sont assignés à résidence dans des camps. Les méthodes de torture les plus fréquemment utilisées par les militaires français sont la gégène, qui consiste à infliger des secousses électriques sur certaines parties du corps, le supplice de la baignoire, ou encore les ingurgitations forcées à l'entonnoir. Par cet acte, les Français désirent non seulement obtenir des renseignements rapidement, mais également effrayer la population afin de la mobiliser dans son projet.

Durant l'été 1957 commence la deuxième bataille d'Alger. Les tortures et les campagnes de propagande s'intensifient dans la capitale. La situation se révèle donc critique pour la zone autonome dont le nombre d'activistes s'est réduit de manière drastique. Grâce aux renseignements collectés, l'armée française parvient à démanteler la zone et à remonter jusqu'aux dirigeants du Parti nationaliste algérien. La bataille s'arrête officiellement avec l'arrestation de Yacef Saâdi le 24 septembre et celle de son complice Ali la Pointe (de son vrai nom Ammar Ali, 1930-1957) le 8 octobre.

RÉPERCUSSIONS DE LA BATAILLE

LA VRAIE NATURE DE LA BATAILLE

Le terme « bataille » est utilisé pour décrire les événements qui se sont produits à Alger peu de temps après l'entrée des troupes du général Jacques Massu. Toutefois, par la suite, des acteurs majeurs de la répression, comme le colonel Marcel Bigeard, reconnaîtront le caractère essentiellement policier de l'opération. Il est dès lors difficile de ranger la bataille d'Alger sous une définition classique de pratique guerrière, même si ce sont bien des militaires qui ont orchestré les opérations. Les pratiques réalisées durant cet épisode ne répondent en effet pas à celles d'une guerre conventionnelle. Ainsi, le général Jacques Massu reçoit dès le début les pouvoirs spéciaux de police, poursuivant le but d'arrêter les membres du FLN.

De plus, le conflit oppose des nationalistes commettant des attentats à la bombe à une alliance formée de militaires et de policiers chargée de les neutraliser. Les deux camps ont eu recours à des pratiques illégales, en violation totale du droit de la guerre et des lois françaises. Malgré tout, le nombre de morts est moins élevé que lors d'une bataille classique. On estime aujourd'hui que les attentats commis par le FLN durant les neuf mois qu'a duré le conflit ont causé la mort de moins de 400 personnes du côté français et ont fait entre 1 000 et 3 000 victimes du côté algérien. Et pour cause, les actions menées durant la bataille d'Alger visaient davantage à terrifier les populations. Devant ce constat, il serait donc plus juste de parler avant tout d'une bataille psychologique, même s'il est probable qu'au vu des excès des troupes françaises et des réclamations de l'opinion publique, les autorités aient voulu justifier la violence de la répression en exagérant la nature guerrière du combat.

UNE BATAILLE FORTEMENT CRITIQUÉE

L'escalade de violence entraînant d'un côté les attentats terroristes et de l'autre le recours à la torture a radicalisé les deux camps, annihilant tout espoir de réconciliation.

À la suite des événements, l'armée française, du fait des moyens utilisés, doit faire face à une vive campagne de protestation tant à l'étranger qu'en France. Durant la bataille, des journaux clandestins relatant les faits sont diffusés en France et peu à peu, les officiers prennent eux aussi la parole afin de dénoncer les atrocités qui se sont produites à Alger. Certains démissionneront, tels le général Jacques Pâris de la Bollardière. Des réseaux de solidarité en Europe et des intellectuels français se mobilisent dès lors pour venir en aide au FLN. Tout cela force la France à relâcher sa politique à l'égard des nationalistes, qui en profitent pour mettre en place la République algérienne.

Ce relâchement des autorités soulève toutefois la colère des ultras d'Algérie, qui déclenchent d'importantes émeutes : on est proche de l'insurrection. Afin d'arranger la situation, le peuple français fait appel à Charles de Gaulle qui reçoit les pleins pouvoirs.

Tout le monde est persuadé qu'il trouvera un compromis en Algérie qui permettra de maintenir la colonie. Mais le 4 juin 1958, il tient son célèbre discours d'Alger devant un parterre d'ultras et de musulmans et affirme les avoir compris. Si les ultras sont persuadés que le général va réinstaurer un régime autoritaire en Algérie, son discours est immédiatement suivi de mesures établissant une égalité de droits entre Français et Algériens. Une insurrection menée par les ultras éclate cependant, entraînant un putsch des généraux en avril 1961, mais elle n'est pas suivie par les soldats du contingent, qui font échouer la manœuvre. Sous la pression internationale, de Gaulle finit par accorder l'indépendance à l'Algérie par les accords d'Évian en mars 1962.

LA BATAILLE D'ALGER : UNE VICTOIRE FRANÇAISE ?

La bataille d'Alger prend donc fin au mois de septembre 1957. Si les Français sont parvenus à mettre fin pour un temps aux attentats et à démanteler les réseaux du FLN, les nationalistes récupèrent la légitimité de leur combat en associant l'opinion publique mondiale à leur cause. En effet, la pression internationale finira par convaincre la France de l'impossibilité de son combat, et ce malgré de vives protestations dans les rangs des conservateurs.

L'indépendance acquise par l'Algérie en 1962 est en réalité l'aboutissement d'un processus entamé dès la bataille d'Alger. Bien plus qu'une victoire de la France, cet épisode marque donc l'amorce de la fin du régime colonial, que les plus nostalgiques iront par la suite défendre dans les rangs de partis politiques d'extrême droite en France. Pour les indépendantistes, ce sera le début d'un travail extrêmement long et complexe de construction d'une identité nationale, ayant entraîné depuis des violences et règlements de compte qui rappellent encore aujourd'hui les blessures héritées de la colonisation.

EN RÉSUMÉ

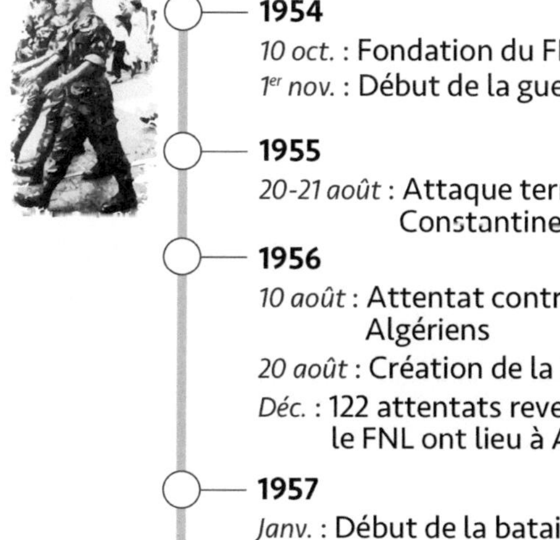

1954

10 oct. : Fondation du FLN
1er nov. : Début de la guerre d'Algérie

1955

20-21 août : Attaque terroriste de Constantine

1956

10 août : Attentat contre des Algériens
20 août : Création de la ZAA
Déc. : 122 attentats revendiqués par le FNL ont lieu à Alger

1957

Janv. : Début de la bataille d'Alger
7 janv. : Jacques Massu reçoit les pleins pouvoirs
Été : Anéantissement de la ZAA
8 oct. : Fin de la bataille d'Alger

- L'Algérie est une colonie française de peuplement depuis 1830. La France, qui a perdu énormément de prestige et de pouvoir politique et économique au sortir de la Grande Guerre, désire la conserver, malgré le processus de décolonisation entamé dès 1918.

- En 1945, alors que la population espère obtenir son indépendance suite à l'engagement algérien au cours de la Seconde Guerre mondiale, le massacre de Sétif a lieu.
- Le 7 mai 1954, la France est battue par les troupes d'Hô Chi Minh à Diên Biên Phu. Cet affront a pour conséquence de la pousser à vouloir conserver ce qui lui reste de son empire colonial.
- Le FLN, mouvement nationaliste et indépendantiste algérien créé en octobre 1954. Son action est clairement orientée vers la lutte armée contre l'occupant.
- Le 1er novembre 1954, le FLN orchestre un soulèvement populaire, déclenchant la guerre d'Algérie qui l'opposera aux forces armées françaises.
- Au mois d'août 1955 a lieu le massacre de Constantine, perpétré par le FLN. En réaction, la France envoie un contingent armé en Algérie.
- Début 1956, Guy Mollet accorde les pleins pouvoirs au gouverneur Robert Lacoste.

- Au mois d'août, les radicaux français commettent un attentat rue de Thèbes, en plein cœur du quartier musulman.
- Au Congrès de la Soummam, le FLN crée la zone autonome d'Alger pour prendre le pouvoir dans la capitale. D'août à décembre 1956, le nombre d'attentats explose. Mohamed Larbi Ben M'hidi et Yacef Saâdi sont chargés de les organiser dans la capitale.
- Le 8 janvier 1957, Jacques Massu pénètre avec ses hommes dans la casbah d'Alger, marquant le début de la bataille d'Alger.
- Les Français pratiquent la guerre contre-insurrectionnelle pour démanteler les filières du FLN.
- Le 23 février 1957, Mohamed Larbi Ben M'hidi, le chef de la zone militaire d'Alger est arrêté, torturé et exécuté par les escadrons de la mort du commandant Paul Aussaresses.
- Le 24 septembre, Yacef Saâdi est arrêté et emprisonné. Cet épisode marque la fin de la bataille d'Alger.

Votre avis nous intéresse !
Laissez un commentaire sur le site de votre
librairie en ligne et partagez vos coups de cœur sur
les réseaux sociaux !

POUR ALLER PLUS LOIN

SOURCES BIBLIOGRAPHIQUES

- ALLEG (Henri), *La question*, Paris, Éditions de Minuit, 1958.

- BRANCHE (Raphaëlle), *La torture et l'armée pendant la guerre d'Algérie. 1954-1962*, Paris, Gallimard, 2001.

- CONNELLY (Matthew), *L'arme secrète du FLN. Comment de Gaulle a perdu la guerre d'Algérie*, Paris, Payot, 2002.

- DELMAS (Claude), *La guerre révolutionnaire*, Paris, PUF, coll. « Que sais-je ? », 1959.

- FANON (Frantz), *Les damnés de la terre*, Paris, François Maspero, 1961.

- HOBSBAWM (Eric J.), *L'âge des extrêmes. Histoire du court XXᵉ siècle*, Bruxelles, Éditions Complexe, 2003.

- JAUFFRET (Jean-Charles), *Soldats en Algérie, 1954-1962. Expériences contrastées des hommes du contingent*, Paris, Autrement, 2000.

- JAUFFRET (Jean-Charles) et VAISSE (Maurice), *Militaires et guérilla dans la guerre d'Algérie*, Bruxelles, Complexe, 2001.

- MEYNIER (Gilbert), *Histoire du FLN (1954-1962)*, Paris, Fayard, 2002.

- MILZA (Pierre), *Les relations internationales de 1871 à 1914*, Paris, Armand Colin, 1996.

- PELLISSIER (Pierre), *La bataille d'Alger*, Paris, Perrin, 1995.

- PERIES (Gabriel) et SERVENAY (David), *Une guerre noire. Enquête sur les origines du génocide rwandais (1959-1994)*, Paris, La Découverte, 2007.

- PEYROULOU (Jean-Pierre), *Guelma, 1945. Une subversion française dans l'Algérie coloniale*, Paris, La Découverte, 2009.

- RIGOUSTE (Mathieu), *L'ennemi intérieur. La généalogie coloniale et militaire de l'ordre sécuritaire dans la France contemporaine*, Paris, La Découverte, 2009.

- ROBEN (Marie-Monique), *Escadrons de la mort, l'école française*, Paris, La Découverte, 2008.

- STORA (Benjamin), *Histoire de la guerre d'Algérie (1954-1962)*, Paris, La Découverte, 2004.

- TRINQUIER (Roger), *La guerre moderne*, Paris, La Table Ronde, 1961.

SOURCES COMPLÉMENTAIRES

- MASSU (Jacques), *La vraie bataille d'Alger*, Monaco, Édition du Rocher, 1997.

- PÂRIS DE BOLLARDIÈRE (Jacques), *Bataille d'Alger. Bataille de l'homme*, Paris, Desclée de Brouwer, 1972.

- PERVILLÉ (Guy), *La guerre d'Algérie : Histoire et mémoires*, Bordeaux, SCEREN-CRDP d'Aquitaine, 2008.

- PERVILLÉ (Guy), *La guerre d'Algérie*, Paris, PUF, 2012.

- PERVILLÉ (Guy), *Pour une histoire de la guerre d'Algérie*, Paris, Picard, 2002.

- SAÂDI (Yacef), *Souvenirs de la bataille d'Alger. Décembre 1956-septembre 1962*, Paris, Julliard, 1962.

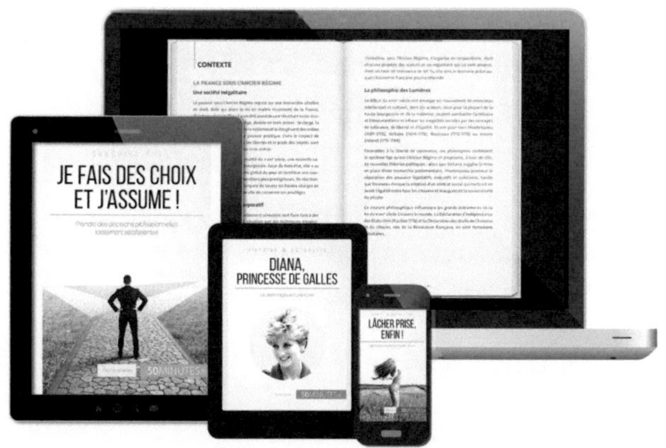

L'éditeur veille à la fiabilité des informations publiées, lesquelles ne pourraient toutefois engager sa responsabilité.

© 50MINUTES, 2014. Tous droits réservés.
Pas de reproduction sans autorisation préalable.
50MINUTES est une marque déposée.

www.50minutes.fr

ISBN ebook : 978-2-8062-5403-0
ISBN papier : 978-2-8062-5584-6
Dépôt légal : D/2014/12603/13
Photo de couverture : *Alger, été 1957, défilé de la 10ᵉ division parachutiste du général Massu lors de la bataille d'Alger.* Domaine public.

Conception numérique : Primento,
le partenaire numérique des éditeurs